RÉPUBLIQUE FRANÇAISE

LIBERTÉ — ÉGALITÉ — FRATERNITÉ

GOUVERNEMENT GÉNÉRAL DE L'INDOCHINE

CONSEIL DE GOUVERNEMENT

SESSION ORDINAIRE DE 1916

Indication des mesures prises comme suite
aux vœux déposés au Conseil de Gouvernement
au cours de la session ordinaire de 1915
et renvoyés à l'examen de l'Administration.

HANOI-HAIPHONG
Imprimerie d'Extrême-Orient
1916

RÉPUBLIQUE FRANÇAISE

LIBERTÉ — ÉGALITÉ — FRATERNITÉ

GOUVERNEMENT GÉNÉRAL DE L'INDOCHINE

CONSEIL DE GOUVERNEMENT

SESSION ORDINAIRE DE 1916

Indication des mesures prises comme suite
aux vœux déposés au Conseil de Gouvernement
au cours de la session ordinaire de 1915
et renvoyés à l'examen de l'Administration.

HANOI-HAIPHONG

Imprimerie d'Extrême-Orient

1916

I

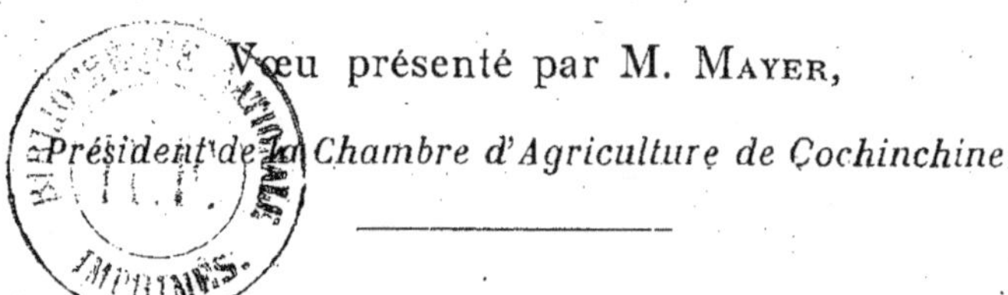

Vœu présenté par M. MAYER,

Président de la Chambre d'Agriculture de Cochinchine.

Au sujet de la participation des colons français aux Conseils de province de la Cochinchine.

En réclamant leur admission au sein des Conseils de province, les colons français ont argué de l' « illégalité du vote et de la perception des centièmes additionnels » ; les Européens sont soumis à cet impôt et, non seulement, ne le votent pas, mais ils ne sont même pas appelés à donner leur avis sur sa quotité.

La question a été posée, pour la première fois, en 1899 au Conseil colonial puis en 1907, au Conseil colonial et au Conseil supérieur.

Au Conseil colonial, M. le Gouverneur Rodier répondit, en substance, que les Européens ne pourraient être admis à siéger dans les Conseils de province :

1º — en raison du caractère essentiellement indigène de ces assemblées ;

2º — en raison de l'énorme disproportion qui existe entre les charges fiscales qui pèsent sur les indigènes et le chiffre d'impôts exigé des Européens ;

3º — parce que, d'ailleurs, les Conseils de province ne votent pas les centièmes additionnels, mais émettent un simple avis.

Quant au Conseil supérieur, il ajourna sa réponse jusqu'à ce que le Conseil d'Etat eût statué sur l'instance introduite par M. Lê-phat-Tan, en vue d'être soustrait à l'impôt des centièmes additionnels.

La thèse soutenue par le requérant était la suivante :

« Les centièmes additionnels peuvent-ils être perçus sur *tous* les propriétaires « de la province ou sur les *seuls* propriétaires *indigènes* ?

« Il semble bien que le législateur ait fait de la province une personne mo-« rale purement indigène, les Français et assimilés étant exclus du Conseil « d'arrondissement ».

Le Conseil d'Etat rejeta le pourvoi Lê-phat-Tan.

La question fut à nouveau présentée en 1912, à la Chambre d'Agriculture, par M. Delpit, qui prit à cœur de démontrer que, par ailleurs, les chiffres de la colonisation européenne cités par M. Rodier en 1907 étaient inexacts, et que, d'après les rapports mêmes des administrateurs, au début de 1910, les colons européens possédaient, en dehors même de toutes leurs plantations de caoutchouc, de leurs poivrières etc., 85.000 hectares de rizières cultivées et 126.000 hectares en voie de culture, soit environ le 1/5 de la culture indigène.

M. Delpit affirmait, de plus, que le chiffre du collège électoral agricole était plus important que celui donné par M. Rodier, et comprenait près de 300 agriculteurs, que les agriculteurs européens s'entendent fort bien avec les agriculteurs indigènes, et qu'un Européen serait aisément élu par les indigènes eux-mêmes — et il demanda, en conséquence, que les *colons européens fussent admis par voie d'élection*, dans la proportion de 1/10, dans les Conseils de province.

Dans un rapport au Comité du Commerce et de l'Industrie approuvé par le Syndicat des planteurs de caoutchouc, M. Marquié a démontré les inconvénients de la thèse soutenue par M. Delpit.

M. Marquié fait remarquer les obstacles qui s'opposent à l'admission des Européens, par voie d'élection, dans les Conseils de province :

« Comme le disait M. le Gouverneur Rodier, en 1907, pour faire des élus, « il faut des électeurs, un corps électoral ». Or, il est des provinces, en Cochinchine, dans lesquelles se trouve, si nous en croyons les renseignements insérés dans le bulletin de la Chambre d'Agriculture, un seul colon européen ; encore arrive-t'il que ce colon est fonctionnaire, et qu'à ce titre, il ne saurait avoir accès au Conseil de province, par voie d'élection.

Dans certaines autres provinces, le nombre des colons est fort peu important ; 2 dans l'une, 23 dans l'autre (sept ou huit, en moyenne, dans chacune) : 190 colons en tout, dans 20 provinces, pour prendre le chiffre cité par M. Delpit à la Chambre d'Agriculture.

Comment vouloir sérieusement organiser un régime électoral avec un pareil embryon de corps électoral ? (Ce corps électoral n'a pas acquis, depuis lors, un tel développement que les conclusions de M. Marquié puissent s'en trouver modifiées).

Sans doute, les partisans de l'élection ont pensé que les membres français pourraient être élus par les indigènes.

Mais quels seraient leurs électeurs ? les mêmes, dira-t-on, que ceux qui élisent les conseillers indigènes — mais, en la circonstance, les électeurs sont des notables de villages, réunis au chef-lieu de leur canton, et élisant deux ou trois conseillers, suivant le nombre des cantons, de manière à assurer dix sièges de conseiller, au moins, par province.

Sans parler de l'éventualité, plus vraisemblable que d'aucuns ne le croient, où les indigènes répugneraient à élire un Français, le conseiller français serait-il éligible *en plus* des conseillers indigènes auxquels le canton a droit ou *à la place* de l'un d'eux ?

Ne voit-on pas, en outre, les inconvénients de tout ordre qu'il y aurait à mettre en contact direct candidats et électeurs de mentalité et de mœurs différentes ?

Je ne parle pas de la difficulté, non insurmontable, d'ailleurs, qu'auraient souvent, les élus français et indigènes à se comprendre. Les conseillers indigènes de province ignorent le français, et, si ceux des colons qui vivent sur leurs terres comprennent et parlent l'annamite pour la plupart, n'en est-il pas un grand nombre qui ne sont pas fixés sur leurs domaines et ne connaissent rien, ou à peu près, de la langue indigène ?

M. Marquié ajoute que, même en admettant que les pouvoirs publics acceptent de modifier dans le sens demandé la composition des Conseils de province, les conseillers français n'auraient pas encore acquis le droit de voter les centièmes additionnels.

« Sans doute, on peut le leur reconnaître expressément ; mais on voit aussitôt que reconnaître ce droit aux membres français, c'est le concéder aussi aux membres indigènes, ce serait remplacer le droit de délibération et de consultation de ceux-ci par le droit de statuer, je pense n'être contredit par personne en exprimant l'avis que la question est, tout au moins, prématurée.

« Si les termes de « la Déclaration des Droits de l'homme et du citoyen » doivent s'appliquer intégralement en Cochinchine, il faut que les Conseils de province, c'est-à-dire les mandataires des indigènes, votent l'impôt additionnel en même temps que les Français ; mais si — comme je suppose que vous êtes unanimes à le penser — il est prématuré de leur concéder ce droit, l'entrée, aux Conseils de province, de membres français qui ne voteraient pas l'impôt additionnel, ne donnerait pas à cet impôt la légalité qu'on ne lui reconnaît pas aujourd'hui ; d'où il suit, nécessairement, que l'accès des Français aux Conseils de province serait parfaitement inutile ».

La solution que M. Marquié propose est celle *d'un décret* qui, sans modifier les attributions des Conseils de province, conférerait *au Gouverneur* le pouvoir de *déléguer aux Conseils des provinces* dans lesquelles se trouvent des colons français, *un membre français* non fonctionnaire, *choisi par lui* sur une liste unique formée des personnes qui seraient indiquées par la Chambre d'Agriculture et par le Syndicat des planteurs de caoutchouc. Ce délégué siégerait au Conseil de province (comme, au Conseil colonial, les conseillers privés) et il constituerait, pour les colons, un mandataire suffisamment autorisé.

En résumé, l'admission des colons français dans les Conseils de province, tels qu'ils sont actuellement organisés, ne saurait se justifier par des considérations d'ordre juridique.

En effet, l'institution des Conseils de province est une institution essentiellement indigène, ayant pour but d'associer, dans une certaine mesure, les indigènes à l'Administration des provinces, et, en aucune façon, le fait d'y siéger ne saurait constituer, pour les Français, un des modes de l'exercice des droits politiques.

D'autre part, ces conseils sont purement consultatifs, en particulier, ils ne font que délibérer sur les questions d'impôts que, seul, le Gouverneur en Conseil privé tranche, le principe en vertu duquel tout contribuable a le droit de voter l'impôt ne trouve donc pas ici, son application.

Pour donner aux colons français le droit de siéger dans les Conseils de province, il serait donc nécessaire de modifier la nature même de cette institution, d'en faire des conseils mixtes à pouvoirs plus étendus que ceux attribués aux conseils actuels.

Or, sans nier la légitimité de l'intérêt que les colons ont à intervenir dans les questions touchant l'administration des provinces où leurs capitaux sont engagés, il n'apparaît pas qu'il soit opportun de proposer une telle mesure ; elle serait de nature à entraîner un développement excessif de la vie propre des provinces au détriment de l'unité qui doit présider à l'administration générale de la colonie, et, par ailleurs, elle risquerait de ne procurer aux colons qu'une satisfaction stérile.

Il est à remarquer, en effet, que si de grands progrès ont été accomplis, au cours de ces dernières années, par la colonisation européenne, en particulier dans l'Est de la colonie, et que si d'importants capitaux sont engagés, le nombre des colons, par contre, demeure encore très restreint, surtout si l'on fait abstraction de tous ceux dont les fonctions sont incompatibles avec une fonction élective. Par suite, et quel que soit, d'ailleurs, le mode d'admission adopté, — élection ou désignation par le Gouverneur —, la mesure ne produirait de résultats que dans quelques provinces où les colons sont en nombre suffisant. Et encore, la proportion dans laquelle les colons français pourraient être admis dans les Conseils de province serait-elle très faible. Il semble bien d'ailleurs que les colons aient plus d'avantages à continuer de défendre leurs intérêts, soit directement, soit par l'organe des assemblées existantes dont l'Administration a toujours examiné les propositions avec le plus grand soin et la plus manifeste bienveillance ; admis à siéger dans les Conseils de province, leur voix isolée ne pourrait guère s'y faire entendre utilement.

Il apparaît que, dans ces conditions, une modification aussi profonde de l'institution des Conseils de province ne serait ni utile ni opportune en l'état actuel de la colonisation européenne en Cochinchine.

II

Vœux déposés par M. DE MONPEZAT,

Délégué de l'Annam-Tonkin.

Vœu tendant à l'admission, pour le personnel de la Police municipale de Hanoi, des services municipaux dans la liquidation des pensions servies par la Caisse locale de retraites.

La question de l'admission des services municipaux dans la liquidation des pensions servies par la Caisse locale, a fait l'objet d'un projet de décret adressé au Département par lettre du 13 octobre 1915. Ce projet prévoit que les services rendus en Indochine sous un régime autre que celui de la Caisse locale pourront, en cas d'admission à un emploi donnant droit à pension sur cette caisse, être comptés comme services effectifs au même titre que les services accomplis sous le régime de la Caisse locale, sous réserve du versement par les intéressés de 5 % des salaires qu'ils ont reçus pour les dits services et par la colonie, de la contribution budgétaire correspondante.

Vœu tendant à la réduction de la durée des heures de travail des agents de la Police municipale de Hanoi, et à l'amélioration de leur retraite.

Avant d'aborder toute discussion sur le fond du sujet il paraît nécessaire de renseigner le Conseil de Gouvernement sur l'importance des charges imposées aux Municipalités pour les dépenses de police.

La lecture de la note de présentation du budget de Hanoi pour 1916 fournit, à ce sujet, des indications de nature à donner à réfléchir ; les chiffres des prévisions de dépenses inscrites au chapitre II du budget de la ville constituent un maximum qui ne saurait être dépassé.

Voici, au surplus, un extrait de ce document :

« . . . .

« mais, plus encore que la voirie, la police constitue la plus lourde des obligations
« imposées à la ville. Sur un budget de 700.000 piastres en chiffres ronds, la
« police entre pour une dépense de 200.000 piastres.

« Ce chiffre même, comparé à l'ensemble du budget, démontre l'énormité
« d'une dépense qui, de ce fait, se révèle comme une dépense d'ordre plus
« général que communal ».

« Les dépenses de police sont ainsi signalées comme anormales et il s'ensuit,
« par voie de conséquence, que toute réforme qui aurait pour objet une aug-
« mentation des cadres, soit vouée, par d'impérieuses raisons budgétaires, à
« un échec certain ».

En ce qui concerne la durée même des heures de travail elle est actuellement
la suivante :

Les gradés et agents de police européens assurent à Hanoi et Haiphong deux
sortes de service pour lesquels ils alternent : celui de la voie publique et celui
de la permanence. Dans l'un et dans l'autre, ils fournissent par journée de 24
heures huit heures de travail réparties en deux tours de service de 4 heures,
espacés de huit heures de repos. Gradés et agents jouissent de plus d'un repos
de 24 heures après six journées de travail.

Le tour de roulement appelle chaque agent au service de la permanence au
moins tous les trois jours. Ce service exécuté au commissariat dans une chambre
chauffée l'hiver et ventilée l'été, consiste à enregistrer succinctement pendant
les heures de fermeture de bureau les réclamations du public et à informer le
commissaire de police de tout fait revêtant une certaine importance ; il n'exige
pas grande dépense de force physique.

En définitive, un agent, déduction faite des jours de repos et du temps passé
à la permanence, ne compte qu'une quinzaine de jours de service sur la voie
publique, c'est-à-dire de deux tours de service de 4 heures par jour avec facilité
de repos de 15 à 20 minutes toutes les heures dans les postes de refuge créés à
cet effet.

Il importe d'ajouter que durant le service d'été (mai à septembre) en raison
de la suppression du 2e tour de jour qui va de onze heures du matin à trois
heures du soir, les agents passent leur temps à la permanence, circonstance qui
réduit encore d'une façon sensible le nombre des heures de service dans la rue.

Des permissions pouvant atteindre par année une durée de trente jours, sont
accordées dans la mesure compatible avec les exigences du service.

Il ne faut donc pas conclure trop rapidement au surmenage.

M. de Monpezat exprime ensuite l'opinion « que le rôle des agents de police
« européens devrait consister uniquement en une simple tâche de surveillance
« des agents indigènes».

L'effectif actuel du personnel européen de la Police municipale (75 unités à Hanoi et 38 à Haiphong) serait suffisant pour une organisation de ce genre, mais le personnel indigène (200 gardes pour Hanoi et 90 pour Haiphong) ne saurait suffire pour assurer seul le service de la voie publique (il ne faut pas oublier que la ville de Hanoi possède à e le seule 90 kilomètres de rues. — Un minimum de 400 gardes serait indispensable pour Hanoi et 200 pour Haiphong, et c'est là un accroissement d'effectifs auquel l'Administration ne peut songer dans l'état actuel des finances des deux Municipalités.

En ce qui concerne la proposition relative à l'élévation de la quotité des pensions d'ancienneté, il convient de signaler qu'un projet de révision du régime des pensions locales a été préparé par la Commission de révision du régime des pensions du personnel européen et adressé au Département le 28 septembre 1913.

Ce nouveau texte améliore la quotité des pensions d'ancienneté et proportionnelles et prévoit les nouveaux tarifs suivants :

Pension d'ancienneté :

1/70 du traitement colonial moyen des trois dernières années d'activité, pour chaque année de service, si ce traitement est inférieur à 11.200 francs.

100 francs pour chaque année de service, si le traitement moyen est compris entre 11.200 francs et 12.800 francs.

1/80 du traitement moyen, pour chaque année de service, si ce traitement est supérieur à 12 800 francs.

Pension proportionnelle pour 20 à 25 ans de service :

1/80 du traitement colonial moyen des trois dernières années d'activité pour chaque année de service.

Pension proportionnelle pour 15 à 20 ans de service :

1/90 du traitement colonial moyen des trois dernières années d'activité pour chaque année de service.

Si une suite favorable était réservée à ce projet de décret le bénéfice des dispositions qu'il contient serait, sans nul doute, étendu au personnel des Municipalités.

En ce qui concerne la création d'une médaille spéciale devant donner lieu à une rémunération mensuelle de 100 à 150 francs, il y a lieu de remarquer tout d'abord qu'une pareille récompense ne saurait être limitée aux agents de police municipaux mais devrait être étendue à tous les agents des services pénitentiaires dont les risques sont sensiblement équivalents. Le Gouvernement général a été précisément saisi, il y a peu de temps, par M. le Gouverneur de la

Cochinchine d'un projet tendant à instituer dans la colonie, en faveur de ce dernier personnel, une nouvelle distinction honorifique.

Après consultation des divers Chefs d'Administration locale, il a été finalement reconnu que, pour récompenser les services des agents de l'ordre pénitentiaire, l'Administration disposait déjà de divers moyens susceptibles de donner satisfaction à ce personnel, tels que : avancement exceptionnel, témoignages de satisfaction, gratifications, distinctions honorifiques déjà instituées.

L'institution d'une nouvelle médaille n'a pas paru, par suite, surtout dans les circonstances actuelles, d'une opportunité absolue.

Vœu tendant à l'amélioration de la situation du personnel de la Police administrative et judiciaire.

Le Gouvernement général s'emploie depuis plus de deux ans à faire aboutir, auprès du Ministère des Colonies, un projet complet d'organisation du personnel de la Police employé en Indochine.

Le projet de réorganisation soumis au Département comporte, au triple point de vue de l'avancement, du recrutement et des peines disciplinaires, l'ensemble des garanties réclamées par M. le Délégué de l'Annam-Tonkin en faveur du personnel de la Police.

Les conditions d'établissement du tableau d'avancement sont également déterminées par un nouveau texte dont la rédaction est conforme à celle adoptée pour les autres personnels administratifs de la colonie.

Il convient d'ajouter qu'un échange récent de câblogrammes entre le Ministère des Colonies et le Gouvernement général donne tout lieu d'espérer qu'à brève échéance interviendra une solution de nature à donner complète satisfaction non seulement au personnel du Tonkin mais encore au corps entier de la Police indochinoise.

Vœu tendant à l'amélioration de la situation du personnel des Services pénitentiaires au point de vue de la solde.

Divers projets d'arrêtés, relatifs à l'application du décret du 26 octobre 1914 sur l'exécution des peines privatives de la liberté, ont été préparés par la Résidence supérieure et adressés au Gouvernement général.

L'un de ces textes comportait des dispositions nouvelles concernant l'organisation du personnel d'administration et de surveillance des Services pénitentiaires. L'économie du projet avait pour objet d'améliorer d'une façon générale la situation pécuniaire de ce personnel :

1°) par l'institution du grade de gardien-chef principal à 7.000 francs, situation de fin de carrière qui n'a rien d'exagéré, si on considère que le gardien-chef principal comptera de très longs et pénibles services et que, d'autre part, depuis quelques années, la situation matérielle de tout le personnel inférieur et moyen des divers services a été sensiblement améliorée ;

2°) par une élévation uniforme de 5oo francs des soldes des gardiens-chefs et gardiens. Cette augmentation mettrait ces soldes en concordance avec celles de la Police et ferait disparaître l'inégalité injustifiée existant depuis le relèvement des soldes de la Police entre deux corps d'agents qui assurent l'un et l'autre des services pénibles et ont des titres égaux à la sollicitude du Gouvernement.

Cette échelle des soldes du personnel européen proposée par le Résident supérieur au Tonkin a été adoptée pour le projet d'arrêté que prépare le Gouvernement général dans le but de réorganiser et de fusionner le personnel des Services pénitentiaires des divers pays de l'Indochine, actuellement soumis à des réglementations différentes.

La mise en vigueur de ce projet actuellement soumis à l'examen des divers Chefs d'Administration locale et du Procureur général, chef du Service judiciaire en Indochine, aura pour effet de donner entièrement satisfaction au vœu ci-dessus.

Vœu tendant à l'exemption des examens professionnels en faveur des fonctionnaires des divers services indochinois mobilisés en France ou en Indochine.

Ce vœu a été entièrement réalisé par la promulgation dans la colonie d'un décret en date du 3o mars 1916 (J. O. de l'Indochine française page 822).

Vœu relatif au budget du Tonkin et tendant à l'abandon par le budget général de certaines taxes au profit dudit budget local.

Lors de la réorganisation administrative et financière qui donna à l'Indochine sa personnalité morale et la dota d'un budget propre, les pouvoirs publics eurent

à fixer les recettes qui alimenteraient le budget général et celles qui alimenteraient les budgets locaux ; « il parut que la logique comme l'expérience faite
dans bien des pays indiquaient la solution suivante : les impôts directs payés
sur rôle dont le contribuable connaît le montant et la perception, devraient au-
tant que possible avoir un emploi qu'il pût suivre et servir, par conséquent, à
gager les dépenses faites sur place pour des services et des travaux d'intérêt
local ; les contributions indirectes, au contraire, par leur caractère imperson-
nel, leur mode d'assiette et de perception, pourraient être affectées aux œuvres
d'empire, c'est-à-dire au paiement des services et des travaux d'intérêt général».

Cette solution fut consacrée par l'article 3 du décret du 31 juillet 1898.

Les considérations relatives aux différences d'assiette, de mode de perception,
etc.... que l'on retrouve dans l'extrait qui précède, n'avaient d'ailleurs pas été
les seules causes déterminantes de la discrimination faite entre les deux catégories d'impôts.

C'est un fait bien connu que le produit des contributions indirectes, ou plus
exactement des impôts de consommation, croît pour ainsi dire automatiquement
avec le développement de la prospérité générale. Leur rendement suit le progrès de la richesse dans la masse de la population plus fidèlement et plus
régulièrement que celui des impôts sur la richesse acquise ou les facultés des
contribuables dont le criterium est encore à trouver. Or, le budget général
avait été chargé par l'article 1er du décret de 1898 des dépenses d'intérêt commun de l'Indochine, et, à relire les rapports de l'époque, on voit qu'on entendait
par là non pas seulement les dépenses des services communs, mais surtout les
dépenses relatives aux entreprises de grande envergure qui devaient doter la
colonie du gros de son outillage économique, étendre son action au dehors,
donner l'essor à son crédit. En un mot, le budget général avait mission d'assurer
dans une mesure plus large, plus définie que les autres budgets, la mise en
valeur des ressources d'ensemble de l'Indochine. Rien n'était plus légitime, dès
lors, que l'attribution à ce budget général du produit des taxes qui devaient
marquer les premières les résultats de l'œuvre dont il allait être le principal
agent et qui étaient susceptibles de profiter au jour le jour et sans l'intervention
constante du législateur, de chacun des progrès réalisés.

Les rapports de présentation des textes institutifs des régies indochinoises
soulignent, pour la plupart d'entre elles, ce caractère de contributions d'avenir,
ménageant aux générations qui se succèdent des ressources de plus en plus
abondantes. Ces prévisions se sont vérifiées : les régies ont tenu ce qu'on atten-
dait d'elles et leur élasticité ne s'est pas démentie pour le plus grand bien de
celui des budgets qui devait être, en Indochine, le principal instrument financier
de la colonisation.

Il ne semble pas que le Gouvernement se soit détaché des principes dont il
s'était inspiré au début. Le décret de 1911, réorganique du budget général,
maintient l'attribution des taxes telle qu'elle avait été faite en 1898 ; si le

rapport qui l'accompagne s'attache plus spécialement à tirer des grandes lignes de l'organisation administrative de l'Indochine la classification des budgets et de leurs sources de revenus, il n'en sous-entend pas moins les considérations qui avaient guidé le législateur de 1898 :

« A chacun des degrés d'autorité institués au point de vue politique doit correspondre un instrument financier propre. . . . . Le budget général, alimenté exclusivement par les produits des régies, des droits de douane, de l'enregistrement, des domaines et du timbre et enfin des postes et télégraphes, continue à supporter les charges de l'administration générale, des services de perception des impôts dont il bénéficie, des travaux d'intérêt général et, enfin, des engagements contractés par l'Indochine. . . . . Le budget général est superposé aux budgets locaux de même que le Gouvernement général est superposé aux autorités locales et que l'intérêt commun de l'Indochine se dégage de l'harmonie des intérêts particuliers. »

Ces conceptions ne semblent pas près d'être abandonnées ; le remaniement du régime financier des colonies de 1912 (décret du 30 décembre) semble plutôt leur avoir conféré une nouvelle vitalité en instituant en Afrique Occidentale et en Afrique Equatoriale une organisation très voisine de celle qui fonctionne en Indochine.

Il n'est nullement critiquable ni anormal que le budget général soit un budget « pléthorique ». — Si ce budget ne disposait pas constamment d'un excédent de ressources par rapport à ses charges ordinaires, on ne voit pas en effet comment il pourrait suffire à son rôle qui comporte, indépendamment de l'entretien des services communs, l'entreprise des grands travaux d'utilité générale, la constitution de larges réserves indispensables au soutien du crédit de la colonie. En admettant, au surplus, que la répartition adoptée voue certains budgets à la portion congrue en réservant à d'autres l'opulence, le remède a été placé à côté du mal, dans le système de la subvention et de la contribution que reprend, après le décret de 1898, celui du 20 octobre 1911 (article 3). — On n'aperçoit pas les inconvénients qu'il y aurait à conserver ce mécanisme régulateur qui a fait ses preuves, ni les avantages que présenterait l'adoption d'un système de partages arbitraires dont les coefficients, pour répondre aux véritables besoins du moment, devraient être l'objet de revisions incessantes, ce qui équivaudrait au régime actuel de la subvention.

Les recettes du budget général sont le gage des grands emprunts contractés par l'Indochine et le Gouvernement de la République ne saurait, par l'adoption de la mesure proposée, laisser amoindrir la valeur du gage que ces recettes présentent.

Vœu relatif à la réorganisation du Conseil du contentieux administratif de l'Annam-Tonkin.

Aux termes du décret du 5 août 1881, les tribunaux administratifs de l'Indochine étaient constitués jusqu'en 1910 par le Conseil privé de la Cochinchine et le Conseil du Protectorat du Tonkin assistés par deux magistrats de l'ordre judiciaire.

La manière dont fonctionnait la juridiction du Tonkin, où certains membres avaient un intérêt direct à voir s'établir la jurisprudence dans un sens conforme à leurs désirs, donna lieu à des observations nombreuses et amena un nombre anormal de décisions cassées en Conseil d'Etat.

La réorganisation fit l'objet des études d'une commission présidée par un Conseiller d'Etat qui envisagea les diverses solutions possibles. Celles auxquelles s'est arrêté le décret du 16 juin 1910 ont fixé la composition des Conseils du contentieux administratif à deux magistrats de la Cour et trois administrateurs des Services civils. En ce faisant, on a tenu à rapprocher la composition des tribunaux administratifs de l'Indochine de celle des mêmes juridictions de la Métropole.

Les Conseils du contentieux administratif fonctionnent normalement depuis 1910. Sans être à l'abri de toute critique il ne semble pas qu'il y ait lieu de modifier leur composition.

Le nombre des affaires portées devant eux ne motiverait pas par ailleurs, surtout dans les circonstances actuelles, la création d'emplois spéciaux de juges des Conseils du contentieux administratif en Indochine.

Vœu tendant au remplacement des agents indigènes des Postes en service à Hoï-hao et à Pa-khoi par des fonctionnaires européens et à la suppression de toute différence existant entre les cadres locaux et métropolitains des Postes et Télégraphes.

Les bureaux de Poste de Hoï-hao et de Pa-khoi ont été créés surtout afin de faciliter les transactions commerciales entre l'Indochine et le Sud de la Chine, l'action diplomatique française étant confiée, dans ces localités, à la vigilance de nos consuls.

C'est en raison du peu d'importance des opérations effectuées par les offices postaux de Pa-khoi et de Hoï-hao que l'Administration a été amenée à remplacer les agents européens à traitements élevés qui en assuraient la gestion par des agents indigènes choisis d'ailleurs parmi les sujets d'élite.

Dans ces conditions, il ne paraît pas opportun d'augmenter les frais d'exploitation de ces bureaux qui constituent déjà une assez lourde charge pour le budget de l'Indochine.

En ce qui concerne l'organisation actuelle du cadre local l'arrêté du 7 avril 1910 a présenté, dès son application, certaines anomalies qui ont rendu nécessaire une refonte complète de cette réglementation.

Le nouvel arrêté du 29 décembre 1913 ne mentionne plus les emplois d'inspecteurs en chef et d'inspecteurs dont la création prévue par l'acte précédent allait à l'encontre des dispositions du décret du 4 mars 1905, lesquelles ne permettent pas de placer des agents métropolitains sous les ordres d'agents locaux.

D'autre part, en vue de mettre en harmonie la nouvelle réglementation avec les actes régissant les différents services de l'Indochine, l'échelle des soldes a été remaniée. La classe de 4.500 francs a été supprimée pour les agents et, par analogie avec ce qui se passe dans les autres Administrations, les avancements pour les commis et les mécaniciens ont été portés de 500 francs à 1.000 francs. — Enfin la situation des surveillants principaux et des brigadiers-facteurs a été améliorée par suite de l'élévation du maximum de leur solde de 6.000 francs à 6.500 francs. — Telle est, en résumé, la situation faite aux agents du cadre local par l'arrêté actuellement en vigueur. La réglementation nouvelle ne semble donc pas avoir créé une catégorie de fonctionnaires dépréciés.

Quant à l'état de tension signalé entre les agents du cadre local et ceux du cadre métropolitain, il existe si peu que l'association amicale du personnel comprend dans son sein la majeure partie du personnel des deux cadres et que son conseil d'administration est composé dans une notable proportion d'agents locaux.

D'autre part, si l'étude des langues indigènes a été imposée au personnel local dans les mêmes conditions qu'aux agents des autres Administrations indochinoises, il ne pouvait en être de même pour le personnel métropolitain qui, conservant son statut propre, ne peut voir dépendre son avancement de l'obtention d'un brevet de langue, avancement qui est accordé automatiquement par le Ministre des Postes et Télégraphes.

La connaissance d'une langue indochinoise n'est exigée des agents du cadre local que pour avancer au choix de la 3e à la 2e classe. Ils peuvent toujours être promus à la classe supérieure à l'ancienneté sans avoir à produire de brevet de langue.

Enfin, le classement du personnel local, suivant le chiffre de la solde des fonctionnaires, reste subordonné à l'obtention par le personnel métropolitain des mêmes avantages, question qui a été soumise au Département.

En résumé, il ne peut être question d'envisager la suppression de toute différence entre les deux cadres, chacun ayant son statut propre qui répond à des besoins spéciaux.

Loin de se contrecarrer, ils se complètent l'un l'autre, le cadre local permet d'utiliser dans la plus large mesure, de renforcer ainsi les effectifs détachés de la Métropole dont l'Indochine ne peut d'ailleurs se passer.

Il est nécessaire, en effet, d'avoir recours à un personnel expérimenté susceptible de faire bénéficier la colonie des perfectionnements de services adoptés par la Métropole.

Vœu relatif à la modification des dates de commencement et de fin d'exercice en matière de travaux publics.

Il est exact que la campagne de travaux, qui en France se situe vers le milieu de l'année, se trouve en Indochine, aussi bien au Tonkin et en Annam qu'en Cochinchine et au Cambodge, à cheval sur deux années, d'où les difficultés signalées par suite d'un changement d'exercice budgétaire au moment où les chantiers sont en pleine activité. Il est à craindre toutefois qu'un changement des limites de l'exercice budgétaire annuel ne provoque des difficultés avec les services financiers de la Métropole, dans ces conditions une solution plus simple paraît être d'étendre s'il y a lieu la période complémentaire de chaque exercice.

Vœu relatif à la possibilité d'accorder des allocations ou des secours aux non-fonctionnaires mobilisés.

La législation observée en France et en vigueur dans la colonie ne permet pas de suivre M. le Délégué de l'Annam-Toukin dans la voie qu'il préconise.

Il ne saurait en effet appartenir à l'Administration locale de prendre des mesures spéciales à l'encontre des principes généraux que la Métropole a adoptés.

Les cas particuliers sont néanmoins examinés avec bienveillance.

Vœu relatif à la modification des droits de transit pour le Yunnan.

L'Administration ne peut se prononcer dès à présent sur le vœu de M. le Délégué de l'Annam-Tonkin tendant à un remaniement des droits de transit. Ces droits ont donné lieu, au cours des dernières années, à des suggestions de source et de sens très divers qui font encore, à l'heure qu'il est, l'objet d'une étude d'ensemble de la part de l'Administration. Le vœu de M. le Délégué de l'Annam-Tonkin a pris place dans cette étude.

Vœu relatif à la défense du Tonkin contre les inondations.

Quel que soit le désir que l'on ait d'abaisser le niveau des grandes crues dans le Delta du Tonkin, il serait imprudent de croire que l'on arrivera à des réalisations par des moyens simples et peu coûteux. On se trouve en présence d'un problème d'une importance considérable, sa solution, si elle est possible, entraînera forcément beauconp de dépenses et demandera un temps assez long. — Encore ne peut-on se flatter d'être certain de parer aux accidents, quand se produiront des crues tout à fait exceptionnelles comme hauteur et comme durée.

Depuis longtemps déjà, le service des Travaux publics a proposé d'atténuer l'effet des crues par l'emmagasinement des eaux dans le réservoir du Vinh-yên, Phuc-yên. — C'est le premier travail à exécuter, parce qu'il se présente comme le plus facile et qu'on est assuré qu'il peut donner des résultats très apprécia-bles. Il est certain qu'on devra le compléter par d'autres travaux, tels que : augmentation des débits du Day et du Canal des Rapides, rectification des digues etc., comme le demande d'ailleurs M. le Délégué de l'Annam-Tonkin, et aussi peut-être par la création d'autres réservoirs au sommet du Delta.

Le service des Travaux publics se préoccupe de toutes ces questions, et les études nécessaires sont commencées, elles sont poursuivies aussi activement que le permet le peu de personnel dont dispose le Service hydraulique. On cons-truit actuellement une première batterie de siphons, à titre expérimental, à l'entrée du sông Ca-lô sur la rive gauche du Fleuve Rouge. Dès que les premières expériences auront été faites, le projet d'ensemble de l'aménagement du réser-voir du Vinh-yên, actuellement en préparation, pourra être présenté.

Vœu relatif au tarif des commissaires-priseurs en ce qui concerne plus spécialement la vente des biens séquestrés.

Un décret du 11 avril 1916 pris sur la proposition du Gouvernement général a été promulgué en Indochine le 28 avril suivant. Il réduit à deux pour cent les émoluments des commissaires-priseurs pour la réalisation des biens provenant des établissements commerciaux ou industriels mis sous séquestre en exécution du décret du 27 septembre 1914.

III

Vœux déposés par M. ELLIES,

Président de la Chambre de Commerce de Hanoi.

Vœu tendant à rendre applicables le plus tôt possible, en Indochine, l'arrêté ministériel du 29 décembre 1910 et la circulaire ministérielle du 30 décembre 1910 en matière de clauses et conditions générales imposées aux entrepreneurs de Travaux publics aux colonies.

Les clauses et conditions générales édictées par l'arrêté du Ministre des Travaux publics en date du 29 décembre 1910, ne peuvent être appliquées intégralement aux colonies notamment parce que la réglementation du travail ne saurait s'y faire que dans des conditions différentes de celles de la Métropole.

Des propositions de revision des clauses fixées par l'arrêté du Ministre des Colonies en date du 20 janvier 1899, en tenant compte du nouveau texte en vigueur en France, ont été cependant adressées au Département le 29 mars 1916 et le vœu présenté ci-dessus se trouvera ainsi recevoir satisfaction dans un délai peu éloigné.

Vœu tendant à l'exclusion des Chinois des adjudications de Travaux publics en Indochine.

Ainsi que l'Administration a déjà eu l'occasion de le faire connaître en réponse à des demandes directement formulées par les Chambres de Commerce locales, l'exclusion de principe des Chinois aux adjudications de travaux publics en Indochine serait en contradiction formelle avec l'esprit aussi bien qu'avec le texte du décret du 18 novembre 1882 et ne saurait être envisagée en l'état de la législation.

Toutefois, il a été recommandé, en application des dispositions de l'article 3 du décret de 1882, de n'admettre comme adjudicataires que les personnes reconnues capables d'exécuter les travaux projetés et présentant à tous points de vue des garanties au moins égales à celles de nos nationaux et de nos protégés.

Vœu tendant à la réduction des patentes imposées aux commerçants du Tonkin par rapport à ceux de la Cochinchine.

Il est exact qu'en Cochinchine le taux maximum des patentes, qui fut longtemps de 400 piastres, n'a pas été élevé au delà de 1.000 piastres, lors de la dernière modification apportée au régime des patentes par l'arrêté récent du 1er décembre 1915. — Mais cette cote maxima de 1.000 piastres s'applique en Cochinchine en tous lieux, alors qu'au Tonkin le tarif de 1.500 piastres qui n'a d'ailleurs trouvé en 1916 que onze applications sur 7.351 patentables, n'est dû qu'à Hanoi, Haiphong et Nam-dinh. Dans l'intérieur, les droits les plus élevés ne sont que de 275 piastres et 250 piastres.

Ainsi au Tonkin, il y a restriction des lieux d'application du taux maximum tandis qu'en Cochinchine, où ce taux maximum est moindre, il peut, par contre, être imposé partout.

En réalité, les patentables ne sont pas plus avantagés là-bas qu'ici et la disparité entre les deux régimes n'est qu'apparente. Et fût-elle réelle, il n'en résulterait pas nécessairement l'obligation d'établir pour les deux pays des tarifs communs. Au Tonkin les bases de la cotisation, qui reposent sur des signes certains de richesse, justifient les taxes actuelles que d'aucuns trouvent même insuffisantes, si l'on en juge par la teneur d'un procès-verbal de la commission chargée d'émettre son avis sur le rôle dressé pour l'exercice 1914 par le contrôleur des patentes de la ville de Hanoi.

Il est dit, en effet, dans ce document : « MM. les membres de la commission renouvellent avec insistance le vœu tendant à créer un tarif exceptionnel H. cl. de 3.000 piastres qui permettrait d'atteindre plus équitablement certaines grandes entreprises telles que la Compagnie française des chemins de fer du Yunnan, la Banque de l'Indochine, la Société des distilleries de l'Indochine, etc., trop peu imposées par rapport à d'autres maisons de commerce qui n'ont pas la même importance commerciale et qui néanmoins supportent les mêmes impôts ».

Seule, la guerre a empêché de donner suite au vœu exprimé par les commissaires municipaux, vœu dont la réalisation n'est qu'ajournée.

Pour le moment, il ne semble pas possible d'entrer dans une voie régressive en abaissant les tarifs au niveau de ceux qui sont en usage dans un autre pays de l'Union indochinoise, l'uniformité en cette matière ne s'imposant nullement entre deux régions assez dissemblables jouissant chacune de leur autonomie financière.

M. le Résident supérieur au Tonkin se propose, néanmoins, à l'issue de la guerre, d'instituer une commission qui, s'inspirant des conditions économiques nouvelles imposées par la conflagration européenne, étudiera en toute connaissance de cause, un remaniement éventuel de la contribution des patentes au Tonkin.

Vœu tendant à la création en Indochine de magasins centraux pour rendre possibles, dans les mêmes conditions qu'en France, les warrants agricoles.

La création des magasins généraux en Indochine est une des questions pour lesquelles une solution d'ensemble ne saurait être étudiée à priori et sa réalisation se présente tout différemment selon que l'on envisage les divers pays de l'Union.

Pour la Cochinchine, par exemple, et jusqu'à ce jour, deux demandes de création de magasins généraux ont été présentées dans le courant de 1909. Soumises à l'examen de la Chambre de Commerce de Saigon, conformément à la loi du 31 août 1871, chacune de ces demandes a fait l'objet d'un avis défavorable et les raisons données par l'Assemblée consulaire ne sont pas sans avoir conservé leur valeur.

L'Assemblée consulaire a estimé, en effet, qu'en autorisant l'ouverture de magasins généraux l'Administration laissait la porte largement ouverte à la spéculation, au détriment du commerce d'exportation et des intérêts des cultivateurs indigènes. Tous ceux qui connaissent la mentalité des natifs savent que les Annamites de Cochinchine empruntent avec une extrême facilité, mais que très imprévoyants, ils ne peuvent, dans la plupart des cas, rembourser le capital, l'échéance venue, et préfèrent, plutôt que de se libérer, payer les intérêts pendant de longues années. Il est à craindre que cette situation se reproduise du jour où il leur sera possible de warranter leur récolte. Après avoir rapidement dissipé l'argent prêté sur leurs grains, ils seront pour la plupart dans l'impossibilité de retirer leur paddy au moment de l'échéance et, de ce fait, se trouveront à la merci d'acheteurs peu scrupuleux qui ne manqueront pas de se coaliser pour le leur acheter à vil prix.

Un autre danger, et non des moindres, de l'établissement de magasins généraux dans les provinces sera l'instabilité et l'irrégularité des cours. Ces cours se trouveront, en effet, faussés par suite de l'accumulation de stocks considérables pouvant occasionner tantôt une hausse dangereuse due à une raréfaction trop intense, tantôt une baisse non moins dangereuse le jour où ces stocks se trouveront brutalement jetés sur le marché.

La création de magasins généraux au Cambodge soulèverait également des difficultés.

Une institution de ce genre, ayant pour but le fonctionnement des warrants agricoles, doit être destinée à apporter à l'agriculteur de plus grandes facilités pour se procurer, à un moment quelconque, les moyens financiers qui peuvent lui manquer momentanément, en donnant en garantie du prêt qui lui serait consenti par un établissement de crédit, les produits de son sol, mis en dépôt dans un magasin général.

Il s'en suit donc qu'il faudrait tout d'abord que la Banque de l'Indochine pût avoir des succursales dans l'intérieur, et qu'en second lieu, les cultivateurs du pays eûssent des exploitations plus importantes que celles qu'ils ont actuellement. La production agricole du Cambodge, importante dans son ensemble, est en effet dérisoire pour chacun des cultivateurs pris individuellement : c'est surtout, ici, de la culture familiale.

Dans ces conditions, l'établissement de magasins généraux et le fonctionnement des warrants agricoles ne pourraient être réalisables que par l'intermédiaire indispensable de syndicats agricoles. C'est là que réside précisément la difficulté car on ne peut songer à constituer des groupements de ce genre dans un pays où la propriété est en voie d'organisation et où la personnalité du détenteur du sol n'est qu'insuffisamment identifiée.

Quoi qu'il en soit et quelles que soient les difficultés inhérentes à l'organisation propre des diverses régions indochinoises, il est essentiel cependant de constater que les actes législatifs concernant la création et le fonctionnement des magasins généraux et des warrants et la législation, toute différente, des warrants agricoles ont tous été promulgués en Indochine, parfois avec de légères modifications.

Les Chambres consulaires ont donc à l'heure actuelle satisfaction sur les points de droit, puisque la création des magasins généraux, le fonctionnement des warrants agricoles ou autres, sont légalement rendus possibles dans toutes les parties de l'Union indochinoise.

L'initiative privée peut se mettre en mouvement. Le Gouvernement est prêt à donner les autorisations demandées, sous la garantie que la loi exige.

Le warrantage à domicile des produits agricoles peut fonctionner dès à présent, sans aucune intervention administrative autre que la délivrance des pièces qui constituent le titre du prêteur. Moyennant certaines formalités le privilège dudit prêteur est assuré ; il ne reste plus qu'à trouver ce prêteur.

En matière de magasins généraux, matière différente des warrants agricoles, le pays étant pourvu des moyens légaux, les Chambres consulaires sont à même de provoquer toutes propositions utiles et il leur appartient de formuler des demandes précises.

IV

Vœux déposés par M. Saur,

Vice-président de la Chambre consultative de Commerce et d'Agriculture de l'Annam.

Vœu tendant à étendre la compétence des Résidents juges de paix, actuellement simplement tutélaire, à celle des juges de paix de canton pour faciliter la liquidation sur place des affaires de minime importance.

Le décret du 28 mai 1913 n'a conféré aux Résidents dont les provinces sont comprises dans le ressort d'un tribunal de 1re instance ou d'une justice de paix à compétence étendue, que les attributions tutélaires des juges de paix. Les dispositions de ce décret ont fait l'objet de critiques justifiées et l'Administration étudie les moyens de faire coïncider les ressorts des tribunaux avec les limites des provinces.

Vœu tendant à ce qu'il soit créé sous pavillon français un service subventionné Tourane-Hongkong de première nécessité pour l'essor économique de l'Annam-Central.

A diverses reprises, l'Annam a vivement insisté pour obtenir la création d'un service subventionné Bangboi-Tourane-Hongkong, et un vœu a été présenté, à ce sujet, à la session du Conseil de Gouvernement de 1915 par M. le Président de la Chambre consultative mixte de Commerce et d'Agriculture de cette colonie. Le contrat passé le 13 septembre dernier avec M. Dom Bazin avait déjà donné satisfaction à ce desideratum en ce qui concerne la première partie de l'itinéraire ; malheureusement, le concessionnaire, se rendant compte de l'intérêt qu'il avait, en raison de la hausse prodigieuse des frets, à reprendre sa liberté d'action pour exercer dans la mer de Chine une navigation à sa convenance, cherchait, dès son second voyage, à se dégager des obligations qu'il avait librement souscrites. Comme l'Administration le rappelait à l'exécution de celles-ci, il refusait purement et simplement d'exécuter son troisième voyage et intentait, contre le Gouvernement général, une instance en résiliation de son traité de gré à gré, ce qui ne l'empêchait pas d'ailleurs d'assaillir l'autorité supérieure de requêtes en vue d'une solution amiable du conflit. Cependant bien que M. Bazin n'ait jusqu'à maintenant donné aucune preuve véritable d'un désir d'entente la colonie consentait à examiner la possibilité d'un remaniement du contrat dans le sens de l'extension du service sur Hongkong. Le concessionnaire interprétait aussitôt cette concession comme une marque de faiblesse et posait des conditions absolument inacceptables. Il entendait conserver d'abord le bénéfice éventuel de son recours contentieux qu'il maintenait intégralement et établissait un nouveau projet lui donnant tous les droits et ne réservant à l'Administration que les charges. La subvention passait par voyage de 3.000 à 10.000 francs, et même cette exigence eût-elle été satisfaite que l'intéressé n'aurait pas manqué de formuler d'autres prétentions encore plus exagérées. Dans de telles conditions, il convenait de laisser les Tribunaux régler définitivement ce conflit.

Le Gouvernement général, dès qu'il se fut rendu compte des véritables dispositions du titulaire du marché en question, se préoccupa d'assurer les transactions entre Banghoi et Tourane et éventuellement avec Hongkong. Mais les offres faites à divers armateurs et sociétés n'ont donné aucun résultat positif, fait qui n'est point pour surprendre, si l'on songe à la quasi-impossibilité d'acheter des navires, même aux prix les plus élevés. Un armateur, vraiment sérieux, consentirait-il à se procurer une unité pour cet objet, qu'il se trouverait dans la nécessité de demander une subvention relativement élevée que l'intérêt de la colonie ne permettrait guère de lui accorder.

D'autre part, la Compagnie des Messageries maritimes se refuse, jusqu'à nouvel ordre du moins, car les négociations entamées avec elle, à ce sujet, sont activement poussées, à autoriser les chaloupes de la Douane à effectuer les mêmes opérations que le « Hailan », sous prétexte que le privilège que lui confère l'article 15 de l'acte de prorogation du 13 janvier 1913 n'a été abandonné par elle entre Banghoi et Tourane qu'en faveur de M. Bazin et non d'un armateur quelconque effectuant un service entre ces deux points.

Il faut évidemment reconnaître qu'en dépit des efforts de l'Indochine, les circonstances n'ont guère favorisé l'établissement du service demandé par la Chambre consultative mixte d'Annam. Un premier résultat a cependant déjà été obtenu, puisque sur des instances pressantes du Gouvernement général, le Département, en échange de la mise à sa disposition de l'« Orénoque », a consenti à dérouter tous les grands courriers, tant à l'aller qu'au retour, non seulement à Haiphong, comme le voulait simplement tout d'abord l'autorité métropolitaine, mais aussi à Tourane. Sans doute ces relations entre le Centre-Annam et Hongkong n'ont qu'un caractère provisoire ; mais ce provisoire, sous l'influence des événements, pourrait bien devenir réalité définitive et, dans tous les cas, il donne, partiellement, pour le moment, satisfaction aux desiderata formulés. Cette importante question ne sera d'ailleurs pas perdue de vue et l'Administration s'efforcera de la solutionner au mieux des intérêts de nos commerçants qui peuvent facilement se rendre compte des difficultés de toute nature auxquelles les événements actuels obligent l'autorité supérieure à faire face.

Vœu tendant à faire rapporter l'arrêté pris pendant la guerre et qui double les impôts de la concession française de Tourane.

Les taxes instituées dans la concession française de Tourane par l'arrêté du 7 octobre 1914 furent approuvées à l'unanimité par la Commission municipale dans ses délibérations de mai et août 1914. Elles n'atteignent qu'exceptionnellement le double des contributions fixées par le régime antérieur, celui du règlement du 14 juin 1904. Il est indispensable de remarquer, à cet égard, que l'arrêté du 14 juin 1904 n'avait pas reçu une application exacte avant la revision des rôles effectuée en 1914, jusque-là beaucoup de propriétaires payaient un impôt nettement inférieur à celui qu'ils auraient régulièrement dû verser. Mais à partir de cette époque le tarif légal fut strictement observé ; les contribuables crurent à une augmentation qui n'était en réalité que la rectification d'erreurs des années précédentes. De ce fait l'élévation des taxes prévues par l'acte du 7 octobre 1914 ne porte que sur l'année 1915 et non comme les intéressés l'ont pensé, à la fois sur 1914 et 1915.

En définitive, les propriétaires des terrains qui n'ont pas changé de zone n'ont été augmentés que de 25 % et les autres propriétaires, dont les terrains sont passés à une zone supérieure, ne l'ont été que de 40 à 50 % sur les cotes de 1914.

Si les augmentations paraissent assez considérables, en comparaison de ce que payaient les propriétaires avant 1914, il est légitime de faire observer que jusqu'alors ceux-ci bénéficiaient d'une erreur préjudiciable à la ville.

Après nouvel examen — délibération du 18 avril 1916 — la Commission municipale a estimé à l'unanimité qu'il n'y avait pas lieu de modifier ces tarifs mais que cependant la réglementation en vigueur pouvant prêter à des critiques fondées en ce qui concerne le classement des propriétés à telle ou telle zone et l'uniformité de la taxe pour les immeubles des 2e et 3e catégories, il serait nécessaire de la réformer sur ces points. A la suite des propositions faites dans ce sens un nouveau projet a été soumis à l'approbation de la Commission permanente du Conseil de Gouvernement. Il aura pour effet de diminuer dans plusieurs cas, par suite de la nouvelle répartition des zones imposables, la quotité des taxes.

Vœu relatif à la non-promulgation d'un nouveau texte sur les concessions domaniales à accorder aux Français en Annam.

L'Administration a, dès le premier moment, reconnu que l'arrêté du 27 décembre 1913 portant réglementation des concessions urbaines et rurales en Indochine ne pouvait trouver sa pleine application que dans les pays de l'Union soumis au régime de l'administration directe. Les dispositions du traité du 6 juin 1884 et des ordonnances royales organiques de la propriété française et indigène faisaient obstacle à sa mise en vigueur en Annam.

D'accord avec le Gouvernement général, le Gouvernement local étudiait la rédaction d'un texte spécial au Protectorat, en harmonie avec sa constitution, les sources de son droit, et ses besoins lorsque le projet de réforme présenté au Département par M. l'Inspecteur de l'Enregistrement Boudillon, sur la substitution du livre foncier au régime hypothécaire, fit apparaître la nécessité d'ajourner la promulgation du texte destiné à prendre, dans ce pays de l'Union, la place de l'arrêté du 27 décembre 1913. En effet, la décision qui sera finalement prise touchant le projet de M. Boudillon est de nature à provoquer sur la question des solutions originales qu'on ne saurait préjuger.

Par suite, l'a tribution des concessions domaniales, ventes et locations de terrains urbains, se trouvent toujours réglées en Annam par les ordonnances et arrêtés antérieurs à l'acte du 27 décembre 1913 et rien n'a été changé sur ce sujet.

Vœu relatif à la refonte et à la codification de la législation intérieure de l'Annam.

La nécessité de rajeunir la législation annamite a été reconnue, dès 1913, c'est à cette époque en effet que M. le Gouverneur général A. Sarraut a décidé, d'accord avec M. le Procureur général et le Résident supérieur au Tonkin, de faire procéder à une codification nouvelle des lois indigènes applicables au Tonkin. Les projets élaborés sont actuellement soumis à l'examen du Gouvernement annamite : Ils comprennent :

1°) — un projet de code civil indigène ;

2°) — un projet de code pénal ;

3°) — un projet de code de procédure civile ;

4°) — un projet de code de procédure pénale ;

5°) — un projet de code de l'organisation judiciaire.

Cette réforme ne s'arrêtera pas aux frontières administratives du Tonkin, elle sera étendue ultérieurement à tout l'Annam, dès que les circonstances le permettront et après qu'on aura pu juger de sa valeur pratique.

Vœu tendant à obtenir l'établissement d'une communication téléphonique entre Hué et Tourane.

Le prolongement jusqu'à Hué de la ligne téléphonique Faifo-Tourane est subordonné à la création d'un réseau téléphonique urbain à Hué.

L'Administration des Postes a étudié la possibilité de comprendre les fonds nécessaires à l'établissement de ce réseau dans les prévisions budgétaires 1917. — Mais dès le premier examen il est apparu que la hausse considérable subie par le matériel à acquérir — 125 % sur les fers à poteaux ; 300 % sur les consoles d'isolateurs ; 100 % sur le fil de cuivre — imposait l'ajournement du projet jusqu'à ce que les prix redevinssent normaux.

Par voie de conséquence, la construction d'une ligne téléphonique entre Tourane et Hué se trouve nécessairement différée jusqu'à la même époque. Même si l'on veut faire abstraction du lien de dépendance qui la subordonne au réseau urbain, il demeure évident que les considérations financières exposées plus haut conservent toute leur valeur, et militent en faveur de l'ajournement.

Vœu tendant au rétablissement des droits de sortie sur les sucres à destination de Hongkong.

Les droits de sortie sur les sucres indochinois n'ont été ni supprimés ni suspendus. Le vœu de la Chambre mixte de Commerce et d'Agriculture de l'Annam, dans sa teneur ci-dessus, est donc sans objet.

Mais il résulte de renseignements complémentaires qui lui ont été demandés que la Chambre a entendu réclamer non pas le rétablissement de droits de douane, qui ont toujours subsisté, mais l'interdiction de la sortie des sucres sur Hongkong.

La sortie des sucres de la colonie est, en principe, prohibée par le décret du 21 décembre 1914, promulgué le 13 février suivant en Indochine.

Des dérogations à cette prohibition peuvent toutefois, aux termes mêmes du décret, être consenties sous certaines conditions.

Usant de cette faculté, M. le Gouverneur général a décidé, à la requête du commerce, le 28 avril 1915, que les sucres de l'Annam pourraient être exportés sur Hongkong sous réserve de la production pour chaque expédition d'un certificat du Consul de France dans cette ville attestant que les sucres exportés seraient exclusivement réservés à la consommation locale, et de la souscription par l'exportateur, pour garantir l'arrivée de la marchandise à destination, d'un acquit-à-caution à faire décharger par notre Consulat.

Pour obtenir cette facilité, les commerçants de Tourane avaient fait valoir qu'ils possédaient des stocks importants de sucre dont ils ne pouvaient trouver l'écoulement ni dans la Métropole, ni dans la colonie, et qu'il était indispensable de leur conserver un débouché sur Hongkong.

La Métropole n'a pas besoin des sucres de la colonie et n'a pas demandé qu'ils lui fussent réservés. Les raisons invoquées par les commerçants de Tourane pouvaient dès lors être prises en considération.

La situation n'a pas changé et il n'y a pas lieu de revenir sur les dispositions prises.

Prohiber l'exportation sur Hongkong alors que la Métropole se désintéresse des sucres très peu prisés de l'Annam, aboutirait, en effet, à avantager certains intermédiaires au détriment d'autres, et se traduirait finalement par une baisse des prix dont le producteur ferait les frais. Or, il importe, dans l'intérêt général, d'apporter le moins d'entraves possible au commerce des sucres qui est une des branches les plus importantes du commerce extérieur de l'Annam.

Le taux des frets sur France paraît, en outre, tout à fait prohibitif pour la marchandise considérée.

V

Vœux déposés par M. Ratinet,

*Président de la Chambre consultative mixte de Commerce
et d'Agriculture du Cambodge.*

Vœu tendant à l'installation d'un téléphone urbain et d'une ligne téléphonique entre Phnom-penh et Saigon.

Depuis 1906 et à plusieurs reprises, notamment en 1912 et 1914, la Chambre de Commerce et d'Agriculture du Cambodge réclame avec insistance la création d'un réseau téléphonique urbain à Phnom-penh complété par l'établissement d'une ligne reliant la capitale du Cambodge avec Saigon et Cholon.

L'Administration s'est associée aux vœux réitérés de l'Assemblée consulaire, convaincue que l'important développement commercial pris par la place de Phnom-penh depuis ces dernières années nécessite avec Saigon et le grand marché de Cholon des relations rapides et constantes qu'il conviendrait d'améliorer et de faciliter.

Déjà, en 1912, un crédit de 8.000 piastres a figuré au budget général en vue de la création du réseau urbain, limité jusque-là à un réseau restreint d'un usage purement administratif. L'enquête, ouverte à cette époque dans le but de déterminer, avant tout engagement de dépenses, le nombre des abonnés éventuels, a montré que les maisons de commerce et les particuliers subordonnaient leur adhésion à la condition expresse que l'Administration les relierait immédiatement avec le réseau de Cochinchine. Cette regrettable exigence a eu pour conséquence l'ajournement de tout projet, faute de crédits suffisants pour lui donner satisfaction et conséquemment l'annulation des sommes prévues. L'Administration des Postes et Télégraphes ne pouvait évidemment pas songer à faire les frais considérables de la construction d'une ligne téléphonique de 300 kilomètres avant de connaître, d'une façon exacte, si cette ligne relierait deux réseaux suffisamment importants pour amortir en partie tout au moins le capital engagé.

Depuis cette date, la Chambre de Commerce et d'Agriculture a pris l'initiative d'une nouvelle enquête, qui a montré que le réseau urbain de Phnom-penh peut, dès le début, compter sur une soixantaine d'abonnés non compris les abonnements administratifs. Ce chiffre est suffisamment important pour permettre d'envisager à nouveau la création du réseau urbain.

Quant à la ligne téléphonique de Phnom-penh à Saigon dont l'Administration reconnaît la nécessité comme constituant le complément indispensable du réseau urbain et même, jusqu'à un certain point, sa raison d'être, il n'est pas possible de songer à l'établir en utilisant, suivant la suggestion de M. Ratinet, les poteaux de la ligne télégraphique. Cette question a fait l'objet d'une étude spéciale de la part du service technique qui a reconnu, d'après des expériences concluantes, que ce dispositif présenterait de graves inconvénients et ne permettrait que des communications téléphoniques précaires et très défectueuses, par suite de l'influence du voisinage de la ligne télégraphique.

En résumé, l'Administration, loin d'avoir renoncé à créer des relations téléphoniques entre le Cambodge et la Cochinchine, s'associe, au contraire, au vœu déposé par la Chambre de Commerce et d'Agriculture mais elle se voit dans l'obligation d'ajourner encore la réalisation de ce projet jusqu'à ce que les conditions du marché soient redevenues normales.

On sait en effet que, par suite des circonstances actuelles, la hausse subie par le matériel nécessaire atteint environ 125 % pour les fers à poteaux, 3oo % pour les consoles d'isolateurs et 100 % pour le fil de cuivre et qu'enfin il devient très difficile de se procurer, dans l'industrie française, les appareils de réception appropriés à un réseau important comme est appelé à le devenir celui de Phnom-penh.

Vœu tendant à la création de l'outillage et de l'aménagement du port de Phnom-penh.

Tenant compte du vœu exprimé en 1914 et en 1915 par la Chambre de Commerce et d'Agriculture, l'Administration qui s'était déjà préoccupée de la question de l'amélioration du port de Phnom-penh a inscrit au budget général de l'exercice 1916 un premier crédit de 3o.ooo piastres porté en cours d'exercice à 34.ooo piastres en vue de la construction de quais en ciment armé dans la partie du port fréquentée par les chaloupes chinoises. Les travaux de ce premier lot, commencés à la saison favorable, sont actuellement en voie d'achèvement. Les prévisions de l'exercice 1917 comportent, au même titre, un crédit de 8o.ooo piastres pour la continuation de ces ouvrages importants qui seront poursuivis jusqu'à complet achèvement dans la mesure permise par le renchérissement considérable des fers et des ciments.

L'Administration envisage également l'installation d'appareils de décharge-
ment mécanique des bateaux. Malheureusement l'impossibilité où l'on se
trouve d'obtenir la fourniture de moteurs électriques oblige à retarder des ins-
tallations projetées jusqu'à une époque plus favorable.

Vœu tendant à la création d'une ferme-école au Cambodge.

Le Cambodge n'est pas, comme on serait tenté de le supposer, un pays
uniquement agricole ; c'est également le pays où la sériciculture est le plus
généralisée.

En ce qui concerne l'agriculture proprement dite, les recherches entreprises
par le service technique ne sont encore qu'expérimentales étant donné que
l'application du programme d'action agricole, approuvé en 1915 par M. le Gouverneur général Albert Sarraut, n'a pu recevoir de commencement d'exécution
qu'au début de 1914.

Sans être purement théoriques, ces recherches n'ont cependant pas pu, jusqu'ici, faire l'objet d'un enseignement professionnel agricole pratique.

D'autre part, la station agricole du Petit Takéo n'en est encore qu'à la période
d'organisation et ne peut pas se prêter, utilement pour le moment, à l'installation pratique d'un enseignement agricole et professionnel, susceptible de faire
de bons contremaîtres ou de bons chefs d'exploitations, des jeunes indigènes
qui y seraient envoyés.

En outre, la création à la station agricole du Petit Takéo d'une école professionnelle d'agriculture exigerait la construction de locaux et des travaux de
mise en exploitation de terrains nouveaux qui entraîneraient des dépenses
élevées que les finances du Protectorat ne permettent pas d'engager car c'est le
budget local qui seul a supporté jusqu'ici tous les frais occasionnés par l'application du programme d'action agricole qui lui a été tracé.

Mais si, au point de vue agricole, l'enseignement professionnel n'est pas encore
entré dans une phase de réalisation pratique, en raison des atermoiements in-
hérents à l'installation d'une station agricole sur un terrain qui présentait des
difficultés sans nombre, par contre, au point de vue séricicole, qui est également une des branches les plus importantes de l'activité économique du pays,
il vient d'être réalisé un sérieux progrès par la création d'un atelier d'apprentissage de filature et de tissage de la soie à Phnom-penh. — Cet atelier est
fréquenté par les élèves de la section professionnelle de l'Ecole Norodom. —
Suivant les résultats qui seront obtenus, il pourra être créé, à bref délai, des
centres d'apprentissage dans les provinces, l'un à Ba-nam, le second à l'île de
Kanthéay (sur le Bas Mékong) et le 3e à Kosthom (sur le Bassac).

Vœu tendant à obtenir la concordance des courriers du Tonkin avec celui du Cambodge en fixant l'heure de départ des navires postaux pour Haiphong chaque vendredi après 10 heures.

Malgré l'intérêt indiscutable qu'il y aurait à réaliser la concordance d'horaire à Saigon entre le courrier du Cambodge et celui pour le Tonkin, il n'est pas possible, actuellement, de donner satisfaction au désir exprimé par la Chambre de Commerce de Phnom-penh.

En effet, le départ des courriers pour le Tonkin est subordonné à l'arrivée, à Saigon, des paquebots venant de France et de la malle anglaise. Cette arrivée est des plus irrégulières et ne permet pas, par suite, de prévoir, à jour fixe, le départ pour le Tonkin.

D'autre part, il y a lieu de remarquer que, d'après l'horaire officiel du service fluvial du Cambodge, l'arrivée à My-tho des chaloupes venant de Phnom-penh est prévue pour *huit* heures, après le départ du premier train. Le courrier ne peut donc parvenir à Saigon que par le train du soir.

En fait, la chaloupe arrive assez souvent en avance, ce qui permet aux dépêches d'arriver, en général, à Saigon par le train du matin. M. l'agent des Messageries maritimes à Saigon, saisi de la question, a fait connaître par ailleurs que les heures de départ des navires de sa compagnie étant soumises aux exigences de la marée et à celles du service postal, il ne lui était pas loisible de fixer un horaire impératif pour les départs à destination du Tonkin mais qu'il ferait toutefois son possible pour se rapprocher de l'heure indiquée par la Chambre consultative.

Vœu tendant à faire rapporter l'arrêté du 15 mars 1915 plaçant les provinces de Prey-veng et de Kompong-chhnang dans le ressort du tribunal de 1re instance de Phnom-penh.

En rétablissant par arrêté en date du 15 mars 1916, les circonscriptions résidentielles de Pursat et de Soai-rieng le Chef de la Colonie a donné, en grande partie, satisfaction au vœu ainsi exprimé puisque, par l'application, pour ainsi dire automatique, des décrets en vigueur, des justices de paix à compétence étendue ont été rétablies dans ces deux circonscriptions.

Les inconvénients, qui avaient motivé l'intervention de la Chambre consultative, basés sur les difficultés de communication ont donc disparu pour les justiciables de Soai-rieng et de Pursat. Seules les circonscriptions de Prey-veng et de Kompong-chhnang, rentrées dans leurs anciennes limites, sont restées comprises dans le ressort du tribunal de 1re instance de Phnom-penh. Ces deux Résidences étant en communications journalières par voie d'eau avec la capitale du Cambodge, le rétablissement de justices de paix à leur chef-lieu ne représente pas le même intérêt et peut être ajourné à une date ultérieure.

Vœu relatif à l'organisation intérieure de la Chambre consultative mixte de Commerce et d'Agriculture du Cambodge.

Un arrêté du 7 août 1916 inséré au Journal officiel de l'Indochine du 23 août suivant a donné satisfaction au vœu ainsi exprimé.

Vœu tendant à l'installation dans les principaux chefs-lieux de provinces de lignes de chemins de fer à voie étroite.

Les études étaient sur le point d'être entreprises pour en déterminer le tracé et un crédit important figurait dans l'emprunt de 90 millions pour permettre de les entreprendre. La mobilisation qui a privé le service des Travaux publics d'une partie de son personnel et, d'autre part, la prolongation des hostilités qu'a empêché le recrutement d'agents techniques spécialisés ont contraint l'Administration à reporter ces études à une date ultérieure.

Le projet n'est qu'ajourné et sera repris dès que les circonstances le permettront. Jusqu'à ce que le tracé définitif de la grande voie ferrée Saigon-Phnompenh-Battambang soit arrêté, il sera toutefois prématuré d'envisager le tracé de chemins de fer sur routes devant se relier à la ligne principale.

Vœu tendant à la construction d'une voie ferrée entre Phnom-penh et Battambang via Pursat.

Les études concernant le tracé du chemin de fer de Saigon à Battambang, via Phnom-penh, Kompong-chhnang et Pursat ont motivé certaines critiques de la part du Parlement. Le Département, désireux de posséder sur la question des renseignements plus complets lui permettant de juger de l'avenir économique de cette ligne très importante, a prescrit, avant d'entrer dans la voie des réalisations, de procéder à une étude d'une ligne qui, après avoir desservi Phnom-penh, traverserait le Tonlé-sap dans les environs de Kompong-luong et rejoindrait Battambang en passant par le Nord des Lacs. Ce tracé aura sans doute l'inconvénient d'être un peu plus long, mais présentera le grand avantage de traverser les plus riches provinces du Cambodge dépendant des Résidences de Kompong-cham et Kompong-thom.

C'est à ces études que l'Administration s'appliquera dès que la fin de la guerre rendra disponible le personnel nécessaire.

Vœu tendant à remplacer la Commission municipale consultative de Phnom-penh par une Commission municipale élue.

Dans un rapport en date du 28 mai 1916, l'Administration locale a exposé à l'autorité supérieure les arguments de droit et de fait qui ne permettent pas à l'Administration d'entrer dans les vues du représentant de la Chambre de Commerce de Phnom-penh.

Mais si les arguments invoqués ont démontré qu'il serait dangereux de s'en remettre à un collège électoral aussi variable que celui qu'on constituerait à Phnom-penh, du soin de gérer les intérêts considérables d'une ville en plein développement, il convenait, cependant, de donner une première satisfaction, dans la mesure compatible avec les contingences locales, à des aspirations manifestées à plusieurs reprises.

C'est en s'inspirant de ces considérations que l'Administration locale a présenté à l'agrément du Chef de la Colonie un projet d'arrêté réorganisant la Commission municipale de Phnom-penh, dans le but de l'associer plus intimement aux décisions à prendre et de lui faire partager les responsabilités avec le fonctionnaire chargé de veiller aux intérêts municipaux.

Ce projet, ratifié à la date du 7 septembre 1915, a été inspiré par la réglementation prise récemment à l'égard de la ville de Cholon. Il se caractérise par l'attribution à la Commission municipale de pouvoirs beaucoup plus étendus en matière financière avec notamment la possibilité de refuser l'inscription au budget de dépenses facultatives dont elle reste juge.

L'application de cette nouvelle réglementation paraît avoir donné entière satisfaction au vœu exprimé ci-dessus et l'Administration estime qu'il serait inopportun d'aller au delà dans la voie des libertés municipales dans un pays de Protectorat.

Vœu tendant à l'entretien et au développement des voies de navigation fluviale au Cambodge.

Le creusement des canaux et preks a déjà fait l'objet d'un contrat important avec un entrepreneur qui, surpris par la guerre, n'a pas pu livrer et mettre en action le matériel nécessaire à l'exécution des travaux. Ce contrat est simplement suspendu, c'est-à-dire que l'exécution en est différée par le cas de force majeure auquel sont soumises plusieurs de nos entreprises.

En ce qui concerne la passe de Chruy-changwa, qui donne accès au port de Phnom-penh, elle a été constamment tenue libre pour les navires postaux depuis plusieurs années, avec une profondeur au moins égale à celle de plusieurs autres seuils de la voie du Mékong vers la mer ; et, s'il y a eu des retards pour lesdits navires, ils ont résulté d'échouages survenus sur d'autres parties du parcours mais non, à proprement parler, de la passe de Chruy-changwa, tant que les capitaines se sont tenus dans la passe balisée.

L'utilisation du sable extrait par la drague en vue des remblais de la ville de Phnom-penh a été étudiée. Un contrat avait été préparé à ce sujet avec un entrepreneur ; mais il n'a pu être approuvé à cause du prix de revient dont l'élévation n'était pas suffisamment compensée par la qualité supérieure du remblai apporté.

L'extraction dans la passe, telle qu'elle se fait actuellement, enlève 100.000 mètres cubes par an, dont la dépense d'extraction n'est pas à décompter, puisqu'elle est nécessaire à l'entretien.

Mais, pour satisfaire aux besoins des remblais (près de 5 millions de mètres cubes) en une période satisfaisante, avec un débit voisin de 400.000 mètres cubes, il faudrait extraire, en surplus 300.000 mètres cubes au prix de 0 fr. 68 (moins 13 %, rabais de l'entrepreneur), soit en piastres, au taux de 2 fr. 50, 0 \$ 2366 par mètre cube.

Quant au transport, qui porterait sur les 400.000 mètres cubes, il coûterait, suivant la même entreprise, par mètre cube, 0 fr. 75 + 0 \$ 17 (avec rabais de 13 %) soit 0 \$ 4089.

La dépense moyenne du mètre cube peut donc s'établir ainsi :

$$\frac{0\ \$\ 4089 \times 400.000 + 0\ \$\ 2366 \times 300.000}{400.000} = 0\ \$\ 5863.$$

tandis que, avec le chantier actuel, à mi-chemin du Poutchet-tong, le prix de revient du mètre cube ne dépasse pas 0 \$ 25 à 0 \$ 38 et le travail peut être poursuivi sans arrêt sans se préoccuper des saisons.

Il en résulte que le prix du mètre cube des terres obtenues par dragages coûterait donc le double du prix actuel.

Le transport à lui seul, l'extraction étant laissée de côté, coûte 5o % plus cher que la dépense totale actuelle.

Il ne paraît donc pas convenable de justifier l'extension des dragages dans la passe de Chruy-changwa par l'emploi en remblai des terres extraites, et la manière actuelle de conduire le chantier d'entretien de la passe paraît correspondre aux besoins locaux.